AF284152

Impressum
Verlag: BABADADA GmbH, Nedderfeld 112 , 22529 Hamburg
Geschäftsführer / Verlagsleitung: Harald Hof
Druck: Books on Demand GmbH, In de Tarpen 42, 22848 Norderstedt

Imprint
Publisher: BABADADA GmbH, Nedderfeld 112 , 22529 Hamburg, Germany
Managing Director / Publishing direction: Harald Hof
Print: Books on Demand GmbH, In de Tarpen 42, 22848 Norderstedt

colegio
sekolah

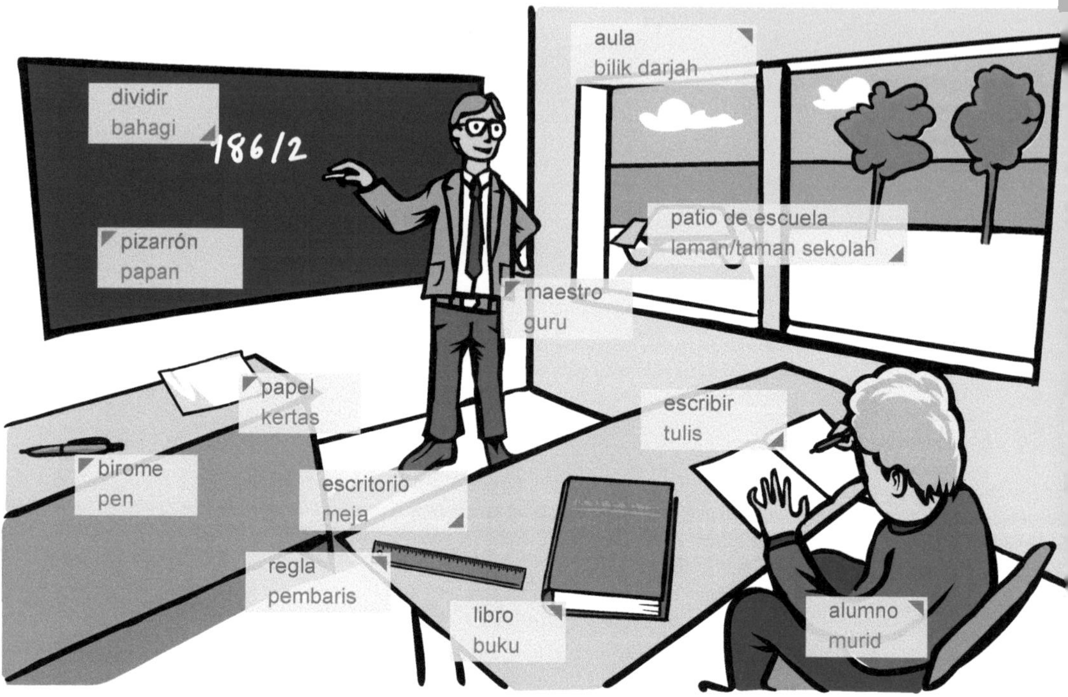

dividir
bahagi
186/2
aula
bilik darjah
pizarrón
papan
patio de escuela
laman/taman sekolah
maestro
guru
papel
kertas
escribir
tulis
birome
pen
escritorio
meja
regla
pembaris
libro
buku
alumno
murid

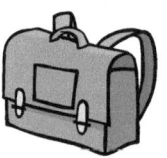

mochila

beg galas

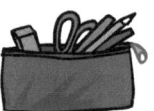

caja de lápices

kotak pensel

lápiz

pensel

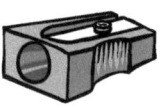

sacapuntas

pengasah pensel

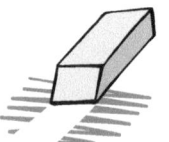

goma (de borrar)

pemadam

bloc de dibujo

kertas lukisan

dibujo

melukis

pincel

berus lukis

caja de pinturas

kotak warna

tijera

gunting

pegamento

gam

cuaderno de ejercicios

buku latihan

tarea

kerja rumah

número

nombor

sumar

tambah

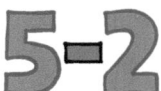

restar

lulak

multiplicar

darab

calcular

kira

letra

huruf

abecedario

abjad

palabra

kata

texto

teks

leer

baca

tiza

kapur

lección

pelajaran

cuaderno de clase

daftar

examen

peperiksaan

certificado

sijil

uniforme escolar

uniform sekolah

educación

pendidikan

enciclopedia

ensiklopedia

universidad

universiti

microscopio

mikroskop

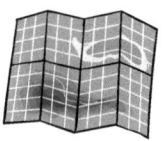

mapa

peta

tacho (de basura)

bakul sampah

viaje
berjalan

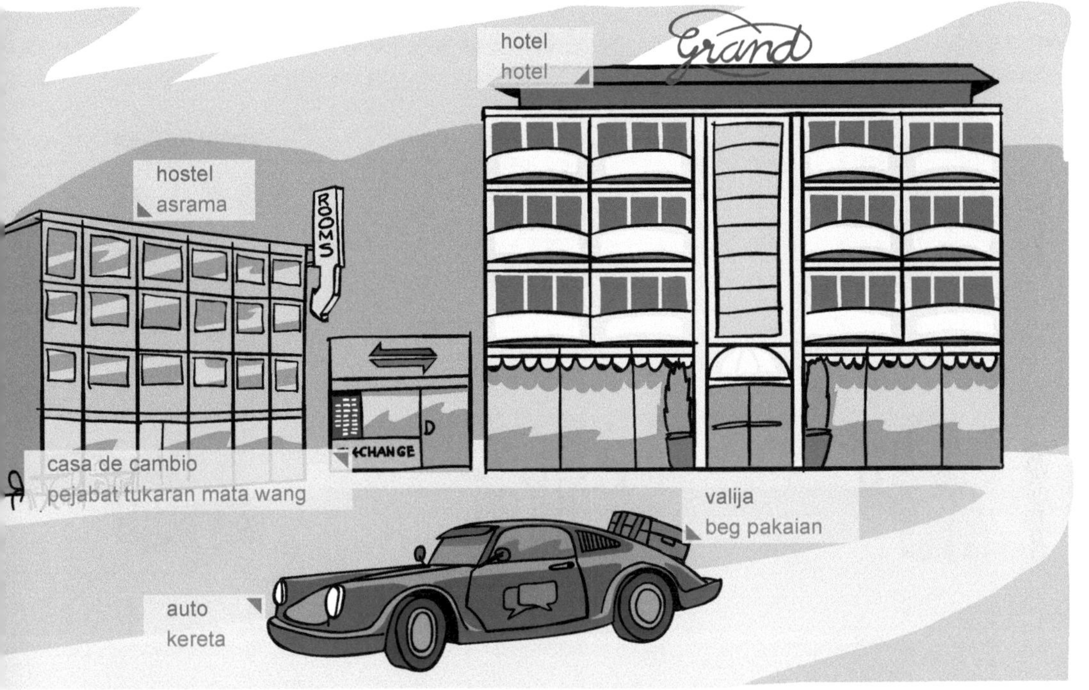
hotel
hotel
Grand
hostel
asrama
ROOMS
CHANGE
casa de cambio
pejabat tukaran mata wang
valija
beg pakaian
auto
kereta

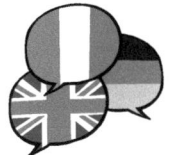

idioma
bahasa

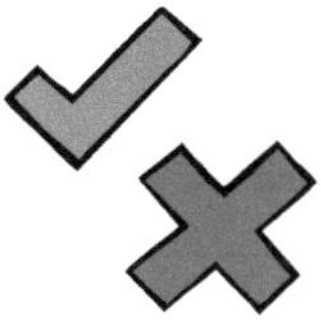
sí / no
ya / tidak

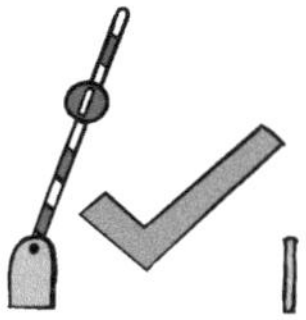
Está bien
okey

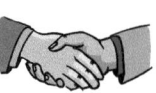

hola
helo

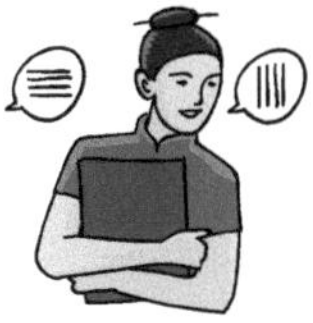
traductor
penterjemah

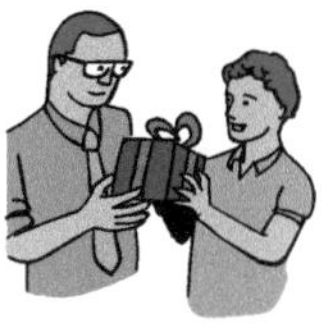
Gracias
Terima kasih

¿cuánto cuesta…?

berapa banyak…?

No entiendo

saya tidak faham

problema

masalah

¡Buenas tardes!

Selamat petang!

¡Buenos días!

Selamat Pagi!

¡Buenas noches!

Selamat Malam!

adiós

selamat tinggal

dirección

arah

equipaje

bagasi

bolso

beg

mochila

beg galas

invitado

tetamu

habitación

bilik tidur

bolsa de dormir

beg tidur

carpa

khemah

información turística

maklumat pelancong

playa

pantai

tarjeta de crédito

kad kredit

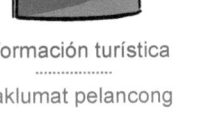

desayuno

sarapan

almuerzo

makan tengah hari

cena

makan malam

pasaje

tiket

ascensor

lif

sello

setem

frontera

sempadan

aduana

kastam

embajada

kedutaan

visa

visa

pasaporte

pasport

transporte
pengangkutan

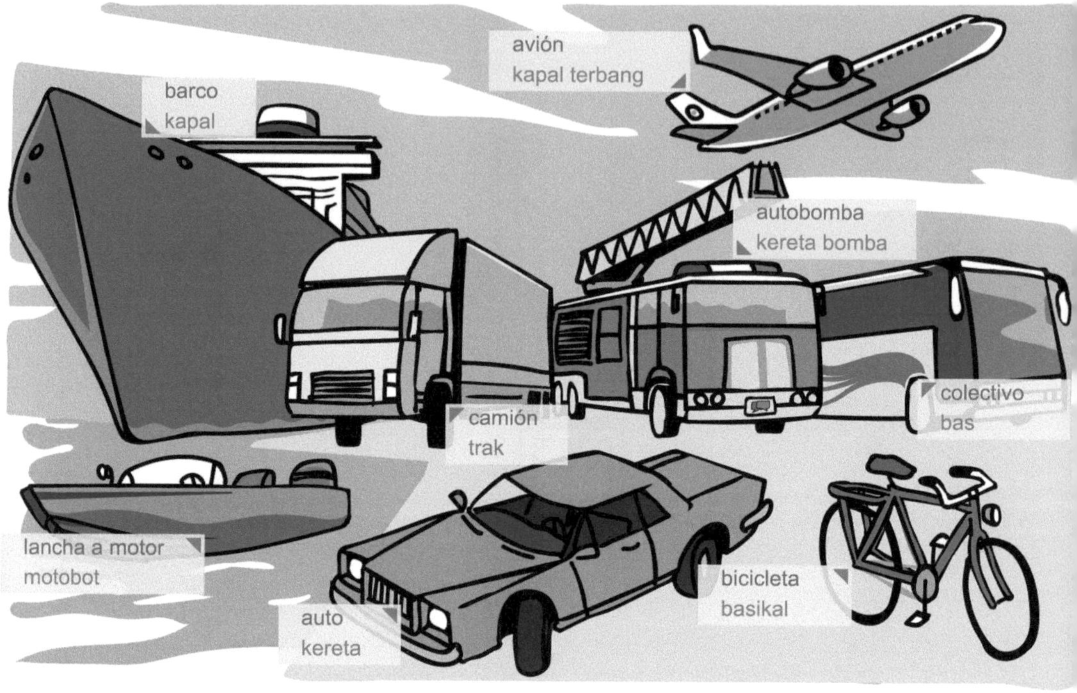
avión
kapal terbang
barco
kapal
autobomba
kereta bomba
colectivo
bas
camión
trak
lancha a motor
motobot
bicicleta
basikal
auto
kereta

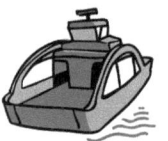

ferry

feri

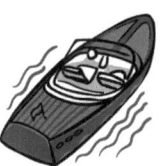

bote

bot

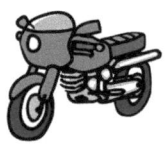

moto

motosikal

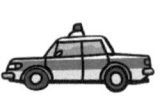

patrullero

kereta polis

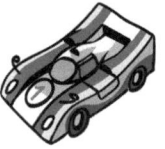

auto de carreras

kereta lumba

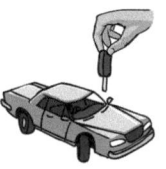

auto de alquiler

kereta sewa

alquiler de autos

berkongsi kereta

grúa

trak tunda

camión de basura

trak menolak

motor

motor

nafta

bahan api

estación de servicio

stesen minyak

señal de tránsito

tanda trafik

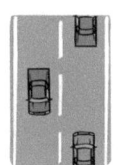

tránsito

trafik

embotellamiento

kesesakan lalu lintas

estacionamiento

tempat parkir

estación de tren

stesen kereta api

vías

trek

tren

kereta api

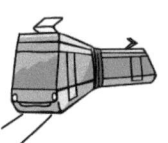

tranvía

trem

vagón

gerabak

helicóptero

helikopter

aeropuerto

lapangan terbang

torre

Menara

pasajero

penumpang

contenedor

bekas

caja de cartón

kadbod

carretilla

kart

canasta

bakul

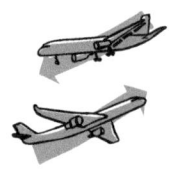

despegar / aterrizar

berlepas / mendarat

ciudad

bandar

pueblo

kampung

centro de ciudad

pusat bandar

casa

rumah

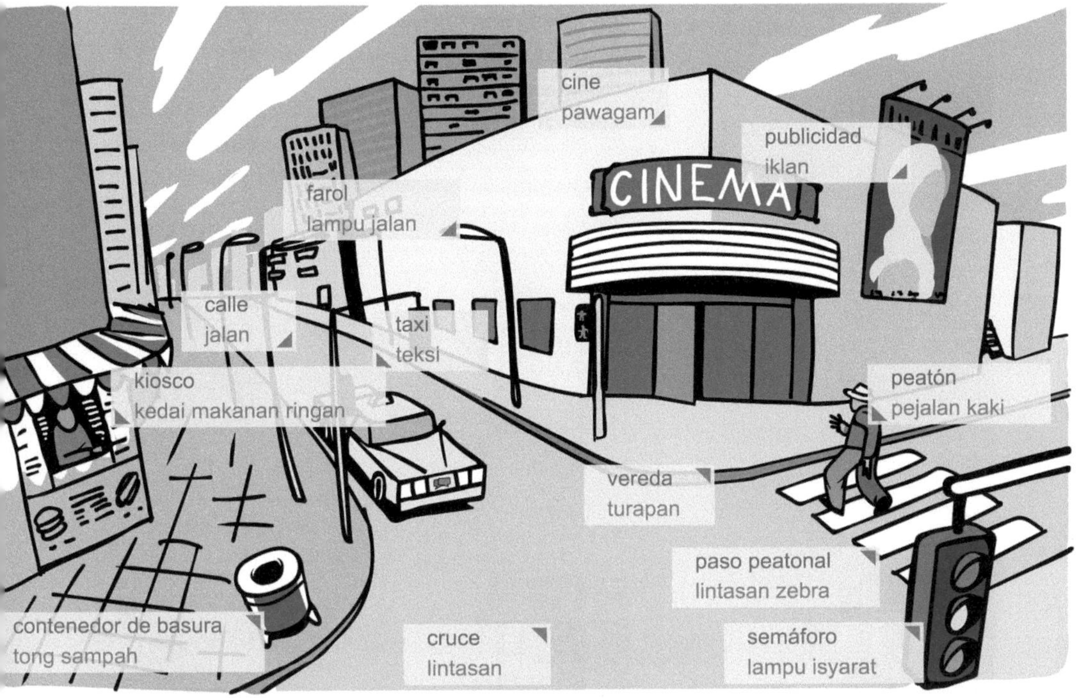

cine
pawagam

publicidad
iklan

farol
lampu jalan

CINEMA

calle
jalan

taxi
teksi

kiosco
kedai makanan ringan

peatón
pejalan kaki

vereda
turapan

paso peatonal
lintasan zebra

contenedor de basura
tong sampah

cruce
lintasan

semáforo
lampu isyarat

cabaña

pondok

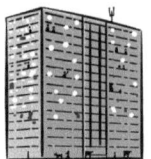

departamento

flat

estación de tren

stesen kereta api

municipalidad

dewan bandar

museo

muzium

colegio

sekolah

universidad

universiti

banco

bank

hospital

hospital

hotel

hotel

farmacia

farmasi

oficina

pejabat

librería

kedai buku

negocio

kedai

florería

kedai bunga

supermercado

pasar raya

mercado

pasaran

grandes tiendas

gedung

pescadería

penjual ikan

centro comercial

pusat membeli-belah

puerto

pelabuhan

parque

taman

banco

bangku

puente

jambatan

escaleras

tangga

subte

bawah tanah

túnel

terowong

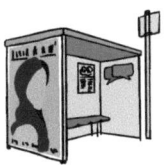

parada del colectivo

hentian bas

bar

bar

restaurante

restoran

buzón

peti surat

letrero

papan tanda jalan

parquímetro

meter parkir

zoológico

zoo

pileta

kolam renang

mezquita

masjid

granja
ladang

contaminación
pencemaran

cementerio
tanah perkuburan

iglesia
gereja

juegos infantiles
taman permainan

templo
kuil

paisaje
landskap

hoja
daun

poste indicador
tiang tanda

camino
jalan

pradera
padang rumput

piedra
batu

excursionista
pejalan kaki

árbol
pokok

río
sungai

hierba
rumput

flor
bunga

valle

lembah

montaña

bukit

lago

tasik

bosque

hutan

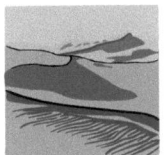

desierto

padang pasir

volcán

gunung berapi

castillo

istana

arco iris

pelangi

champiñón

cendawan

palmera

pokok kelapa sawit

mosquito

nyamuk

mosca

terbang

hormiga

semut

abeja

lebah

araña

labah-labah

escarabajo

kumbang

rana

katak

ardilla

tupai

erizo

landak

liebre

arnab

lechuza

burung hantu

pájaro

burung

cisne

angsa

jabalí

babi jantan

ciervo

rusa

alce

moose

presa

empangan

aerogenerador

turbin angin

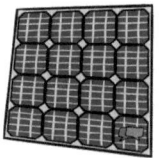

panel solar

panel solar

clima

iklim

mozo
pelayan

menú
menu

silla
kerusi

sopa
sup

pizza
piza

cubiertos
kutleri

mantel
alas meja

entrada
pemula

plato principal
hidangan utama

postre
pencuci mulut

bebidas
minuman

comida
makanan

botella
botol

comida rápida

makanan segera

comida callejera

makanan jalanan

tetera

teko

azucarera

mangkuk gula

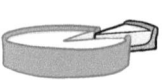

porción

bahagian

cafetera expreso

mesin espreso

sillita alta

kerusi tinggi

cuenta

bil

bandeja

dulang

cuchillo

pisau

tenedor

garfu

cuchara

sudu

cucharita

sudu teh

servilleta

serviette

vaso

gelas

plato

pinggan

plato hondo

mangkuk sup

plato

piring

salsa

sos

salero

tempat garam

molinillo de pimienta

pengisar lada

vinagre

cuka

aceite

minyak

especias

rempah

kétchup

sos

mostaza

mustard

mayonesa

mayones

supermercado

pasar raya

oferta especial
tawaran istimewa
FOR
cliente
pelanggan
lácteos
tenusu
fruta
buah-buahan
changuito
troli

BUTCHERS

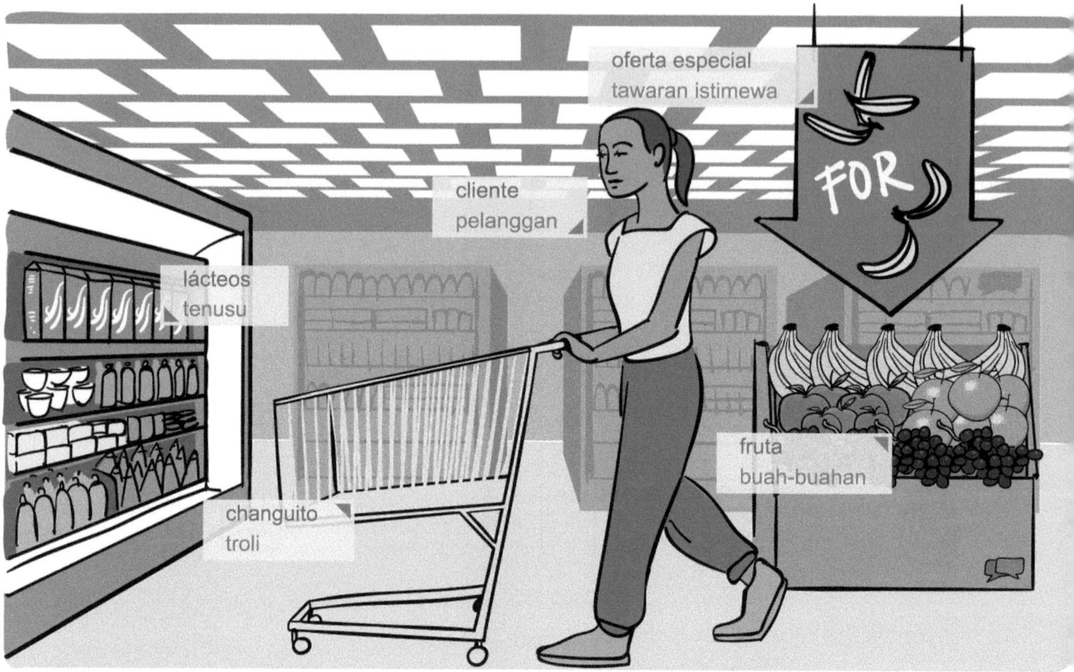

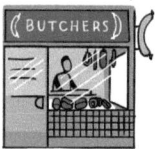

carnicería

tukang daging

BAKERY

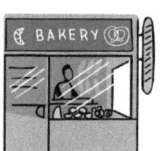

panadería

kedai roti

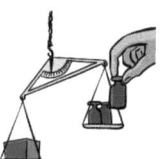

pesar

berat

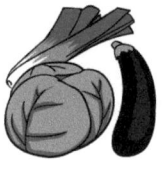

verduras

sayur-sayuran

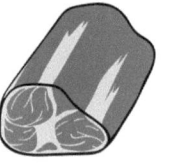

carne

daging

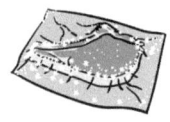

alimentos congelados

makanan sejuk beku

fiambres

daging sejuk

alimentos enlatados

makanan dalam tin

detergente en polvo

serbuk pencuci

golosinas

gula-gula

electrodomésticos

produk isi rumah

productos de limpieza

produk pembersihan

vendedora

orang jualan

caja

daftar tunai

cajero

juruwang

lista de compras

senarai membeli-belah

horario de atención

waktu pembukaan

billetera

bog duit

tarjeta de crédito

kad kredit

cartera

beg

bolsa de plástico

beg plastik

agua

air

jugo

jus

leche

susu

bebida cola

kola

vino

wain

cerveza

bir

alcohol

alkohol

cacao

koko

té

the

café

kopi

café expreso

espreso

cappuccino

kapucino

banana

pisang

manzana

epal

naranja

oren

melón

tembikai

limón

lemon

zanahoria

lobak merah

ajo

bawang putih

bambú

buluh

cebolla

bawang

champiñón

cendawan

nueces

kacang

fideos

mi

tallarines

spageti

arroz

nasi

ensalada

salad

papas fritas

kerepek

papas fritas

kentang goreng

pizza

piza

hamburguesa

hamburger

sándwich

sandwic

churrasco

kutlet

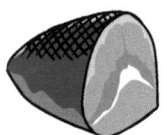

jamón

ham

salame

salami

salchicha

sosej

pollo

ayam

asado

panggang

pescado

ikan

copos de avena

bubur oat

muesli

muesli

copos de maíz

emping jagung

harina

tepung

medialuna

kroisan

pancito

roti roll

pan

roti

tostada

roti bakar

galletitas

biskut

manteca

mentega

cuajada

dadih

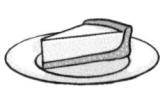

torta

kek

huevo

telur

huevo frito

telur goreng

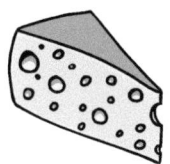

queso

keju

comida - makanan

25

helado

ais krim

azúcar

gula

miel

madu

mermelada

jem

pasta de chocolate

krim nougat

curry

kari

granja
ladang

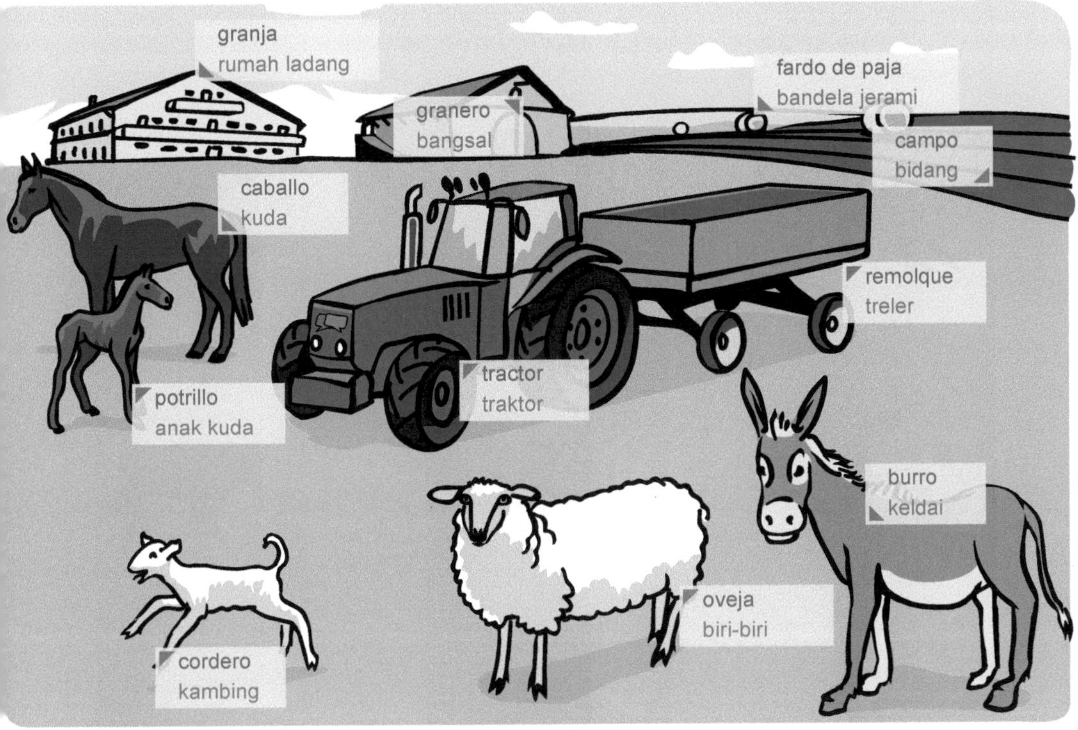
granja
rumah ladang
granero
bangsal
fardo de paja
bandela jerami
campo
bidang
caballo
kuda
remolque
treler
tractor
traktor
potrillo
anak kuda
burro
keldai
oveja
biri-biri
cordero
kambing

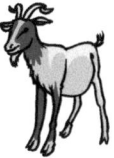

cabra

kambing

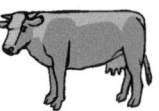

vaca

lembu

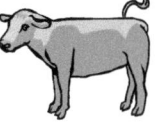

ternero

anak lembu

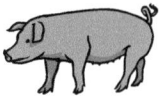

cerdo

babi

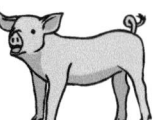

lechón

anak babi

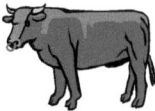

toro

lembu

ganso

angsa

pato

itik

pollo

anak ayam

gallina

ayam betina

gallo

ayam jantan muda

rata

tikus

gato

kucing

ratón

tikus

buey

lembu jantan

perro

anjing

cucha

rumah anjing

manguera

hos taman

regadera

bekas siraman

guadaña

sabit

arado

bajak

hoz
sabit

azada
cangkul

horquilla
serampang peladang

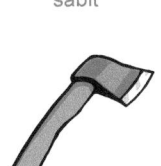

hacha
kapak

carretilla
kereta sorong

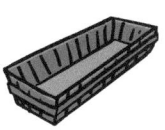

abrevadero
palung

lechera
tin susu

bolsa
karung

reja
pagar

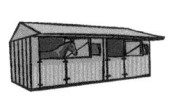

establo
stabil

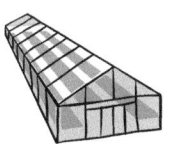

invernadero
rumah hijau

suelo
tanah

semilla
benih

fertilizador
baja

cosechadora
jentuai

cosechar

tuai

cosecha

menuai

batatas

keladi

trigo

gandum

soja

soya

papa

kentang

maíz

jagung

semilla de colza

biji sawi

árbol frutal

pokok buah-buahan

mandioca

ubi kayu

cereales

bijirin

casa
rumah

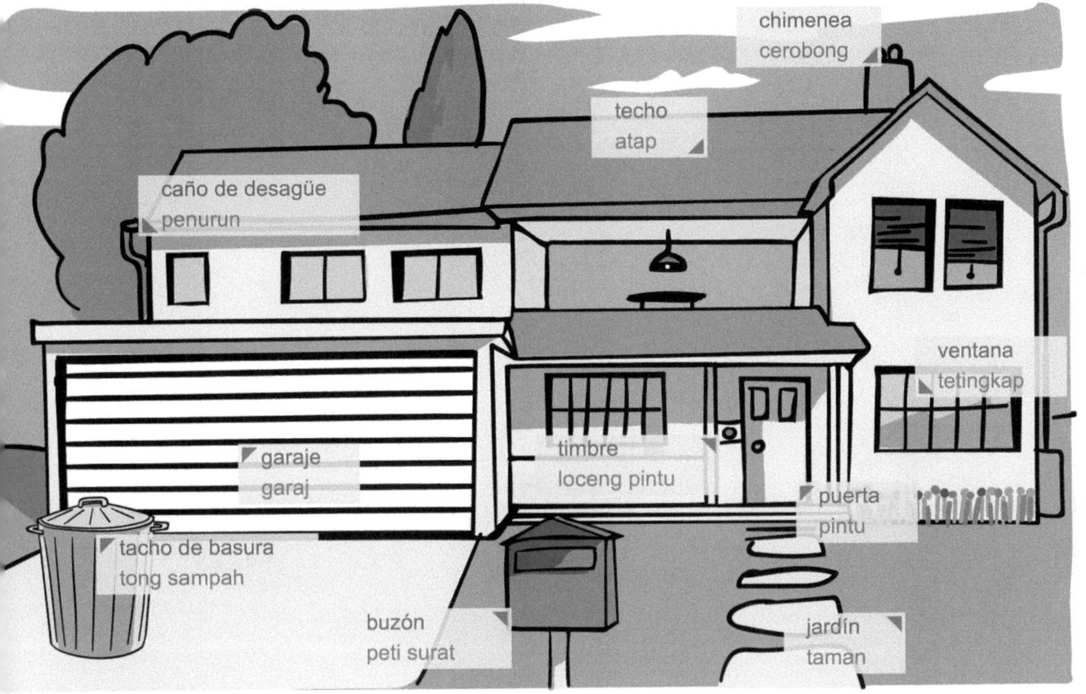

chimenea
cerobong
techo
atap
caño de desagüe
penurun
ventana
tetingkap
garaje
garaj
timbre
loceng pintu
puerta
pintu
tacho de basura
tong sampah
buzón
peti surat
jardín
taman

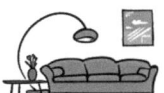

living

ruang tamu

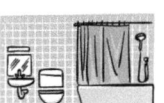

baño

bilik air

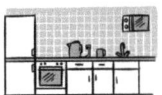

cocina

dapur

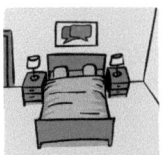

dormitorio

bilik tidur

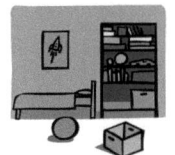

cuarto de los chicos

bilik kanak-kanak

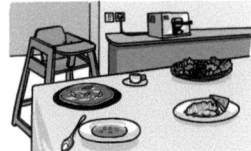

comedor

ruang makan

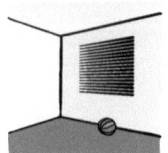

piso

lantai

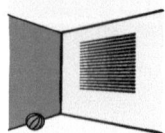

pared

dinding

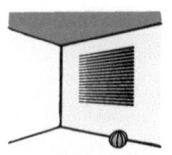

cielorraso

siling

sótano

bilik bawah tanah

sauna

sauna

balcón

balkoni

terraza

teres

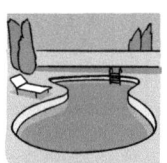

pileta

kolam renang

cortadora de pasto

pemotong rumput

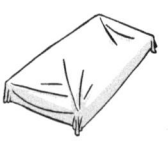

sábana

lembaran

acolchado

penutup tilam

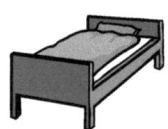

cama

katil

escoba

penyapu

balde

timba

interruptor

suis

living

ruang tamu

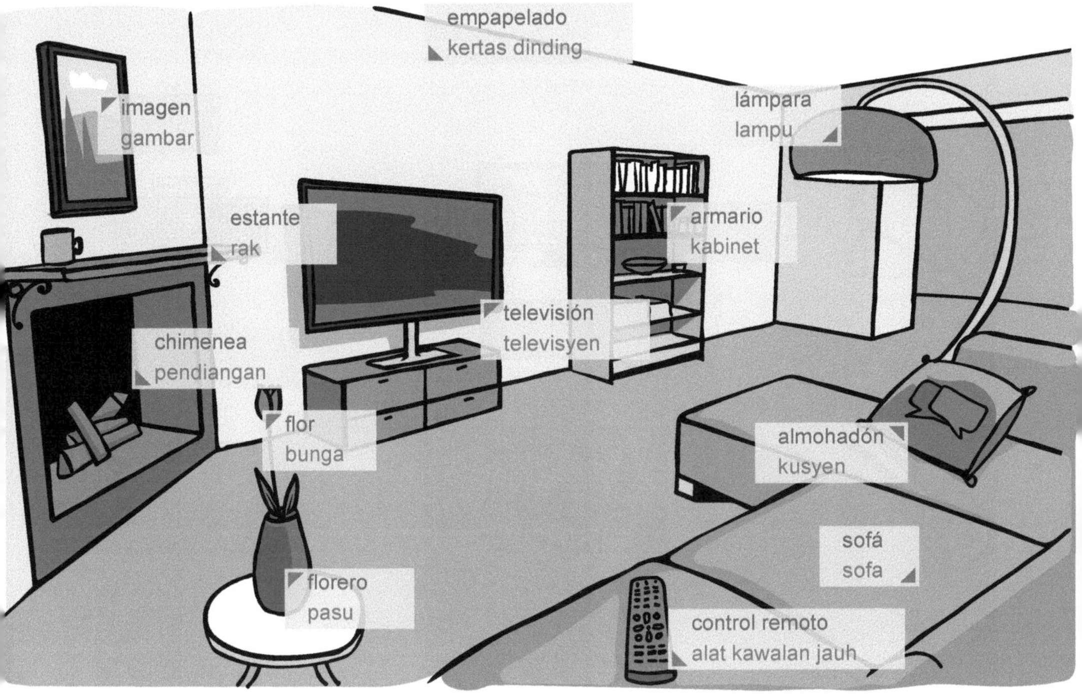
empapelado
kertas dinding
imagen
gambar
lámpara
lampu
estante
rak
armario
kabinet
televisión
televisyen
chimenea
pendiangan
flor
bunga
almohadón
kusyen
sofá
sofa
florero
pasu
control remoto
alat kawalan jauh

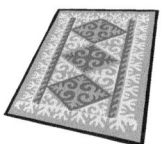

alfombra

permaidani

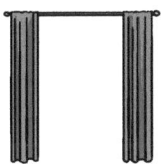

cortina

tirai

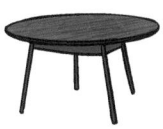

mesa

meja

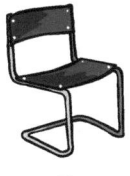

silla

kerusi

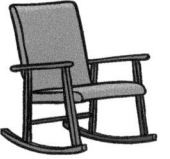

mecedora

kerusi malas

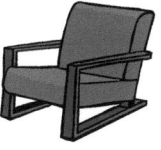

sillón

kerusi

libro

buku

frazada

selimut

decoración

hiasan

leña

kayu api

película

filem

equipo de música

hi-fi

llave

kunci

diario

akhbar

pintura

lukisan

póster

poster

radio

radio

cuaderno

buku catatan

aspiradora

penyedut habuk

cactus

kaktus

vela

lilin

cocina
dapur

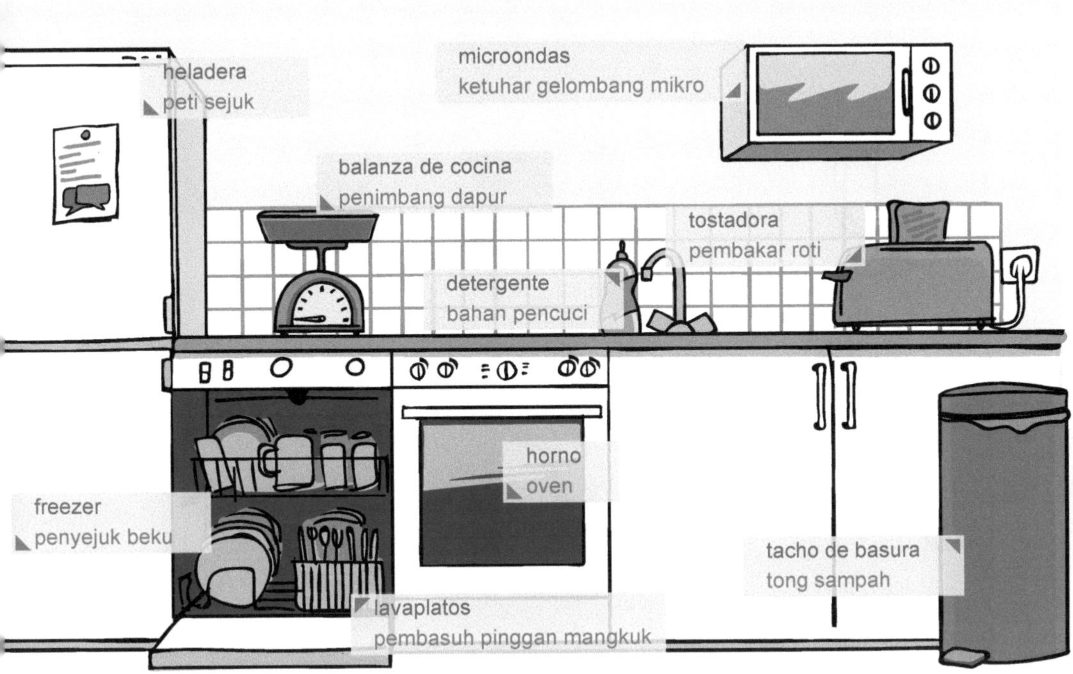

heladera
peti sejuk
microondas
ketuhar gelombang mikro
balanza de cocina
penimbang dapur
tostadora
pembakar roti
detergente
bahan pencuci
horno
oven
freezer
penyejuk beku
tacho de basura
tong sampah
lavaplatos
pembasuh pinggan mangkuk

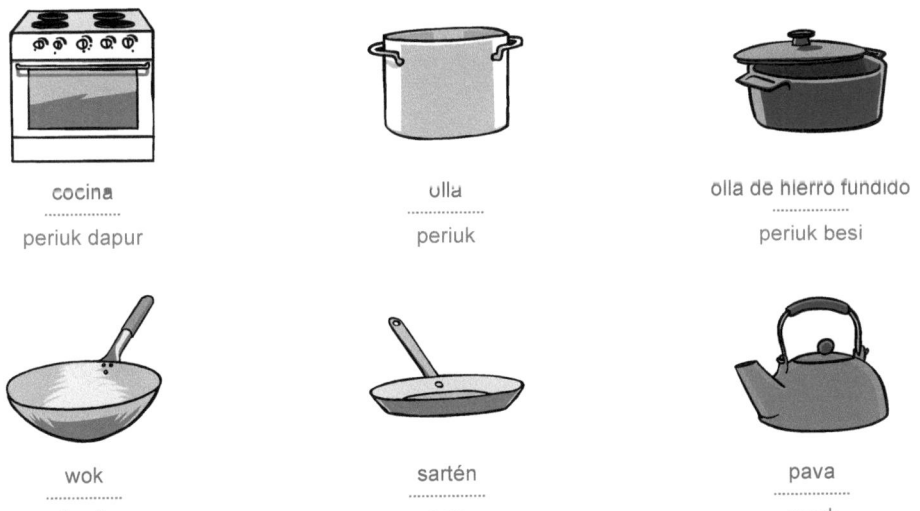

cocina
periuk dapur

olla
periuk

olla de hierro fundido
periuk besi

wok
kuali

sartén
pan

pava
cerek

vaporera

pengukus

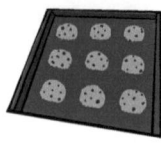

bandeja de horno

dulang pembakar

vajilla

pinggan mangkuk

taza

koleh

bol

mangkuk

palitos

penyepit

cucharón

senduk

estpátula

spatula

batidora

pengadun

colador

penapis

colador

ayak

rallador

pemarut

mortero

mortar

parrilla

barbeku

fogata

pembakaran terbuka

tabla de picar

papan pencincang

palo de amasar

pin golekan

sacacorchos

skru gabus

lata

tin

abrelatas

pembuka tin

manopla

pemegang periuk

pileta

sinki

cepillo

berus

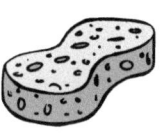

esponja

span

batidora

pengisar

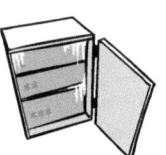

congelador

penyejuk beku

mamadera

botol bayi

canilla

paip

baño
bilik air

calefacción
pemanasan
ducha
mandi
toalla
tuala
cortina de ducha
tirai mandi
baño de espuma
mandi buih
bañadera
tab mandi
vaso
gelas
lavarropas
mesin basuh
canilla
paip
baldosas
jubin
pelela
tandas
pileta
sinki

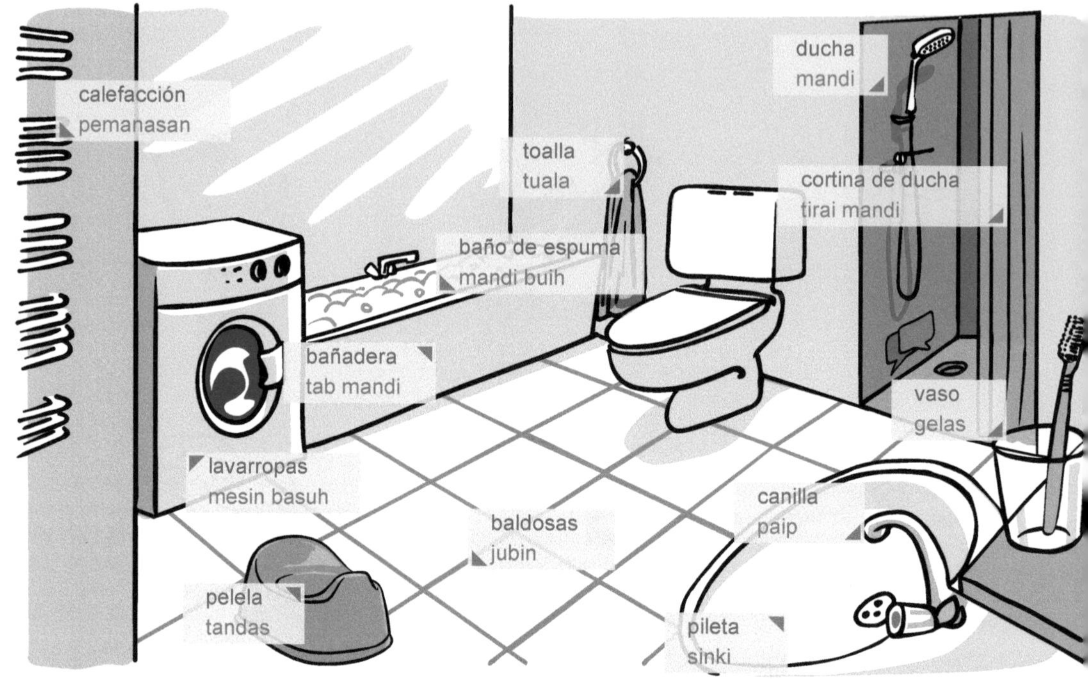

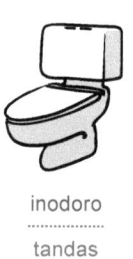

inodoro
tandas

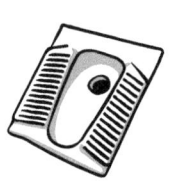

letrina
tandas mencangkung

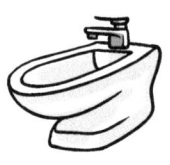

bidé
mangkuk tandas

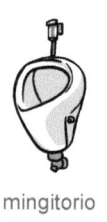

mingitorio
tandas awam

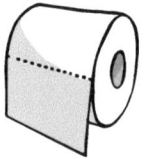

papel higiénico
kertas tandas

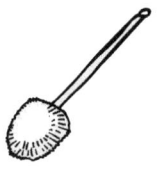

cepillo para el inodoro
berus tandas

cepillo de dientes

berus gigi

dentífrico

ubat gigi

hilo dental

flos gigi

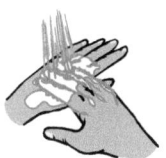

lavar

cuci

ducha de mano

mandian tangan

ducha higiénica

pancuran

palangana

besen

cepillo para espalda

belakang berus

jabón

sabun

gel de ducha

gel mandian

shampoo

syampu

toallita

flanel

desagüe

longkang

crema

krim

desodorante

deodoran

espejo
cermin

espejito
cermin tangan

maquinita de afeitar
pisau cukur

espuma de afeitar
busa cukur

aftershave
selepas cukur

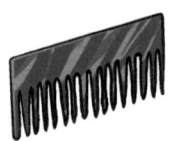

peine
sikat

cepillo
berus

secador de pelo
pengering rambut

spray
semburan rambut

maquillaje
mekap

lápiz de labios
gincu

esmalte para uñas
varnis kuku

algodón
bulu kapas

tijera para uñas
gunting kuku

perfume
pewangi

portacosméticos

beg basuhan

banqueta

bangku

balanza

skala berat

bata

jubah mandi

guantes de goma

sarung tangan getah

tampón

kapas

toallita femenina

tuala wanita

baño químico

tandas kimia

cuarto de los chicos
bilik kanak-kanak

despertador
jam loceng
peluche
mainan kegemaran
coche de juguete
kereta mainan
sonajero
kerincing bayi
casa de muñecas
rumah anak patung
regalo
hadiah

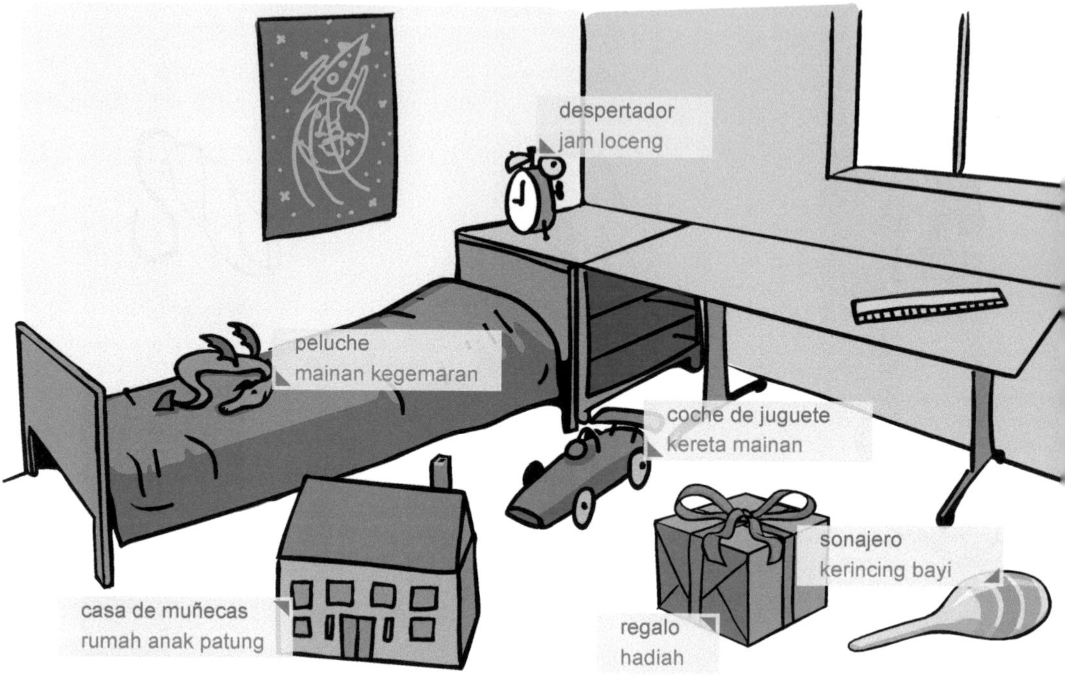

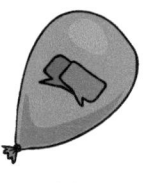

globo
belon

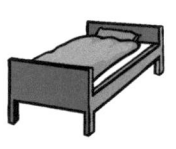

cama
katil

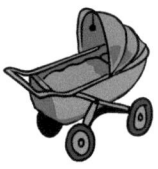

cochecito
kereta sorong bayi

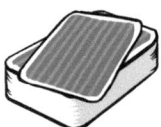

cartas
set kad

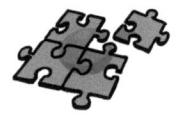

rompecabezas
susun suai gambar

SUPER MEGA

historieta
komik

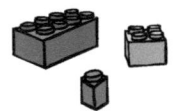

piezas de lego

batu bata lego

ladrillos de juguete

blok mainan

figura de acción

figura aksi

enterito (de bebé)

baju bayi

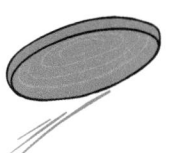

frisbee

frisbee

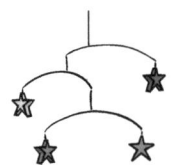

móvil para bebés

mainan bayi mudah alih

juego de mesa

permainan papan

dados

dadu

tren eléctrico

set model kereta api

chupete

palsu

fiesta

parti

libro de cuentos ilustrado

buku bergambar

pelota

bola

muñeca

anak patung

jugar

main

arenero

lubang pasir

hamaca

buai

juguetes

mainan

consola de videojuegos

konsol permainan video

triciclo

basikal roda tiga

osito de peluche

anak patung beruang

armario

almari pakaian

ropa

pakaian

medias

stoking

medias panty

stoking

calzas

ketat

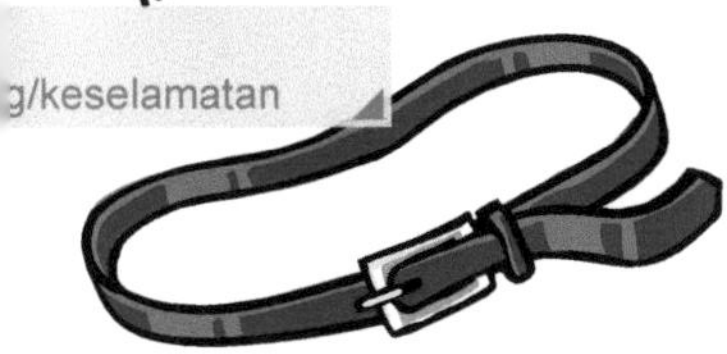

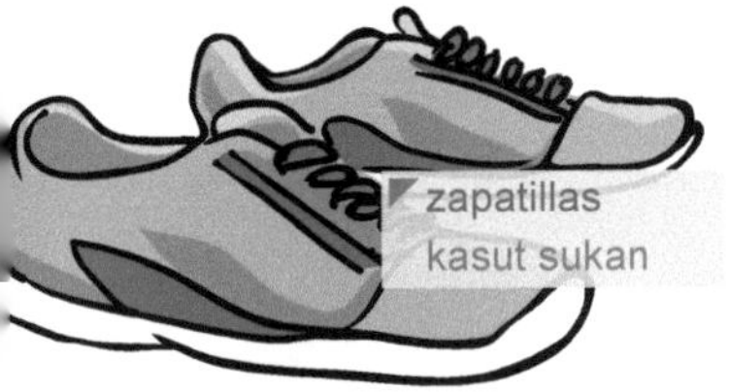

bufanda
skarf

paraguas
payung

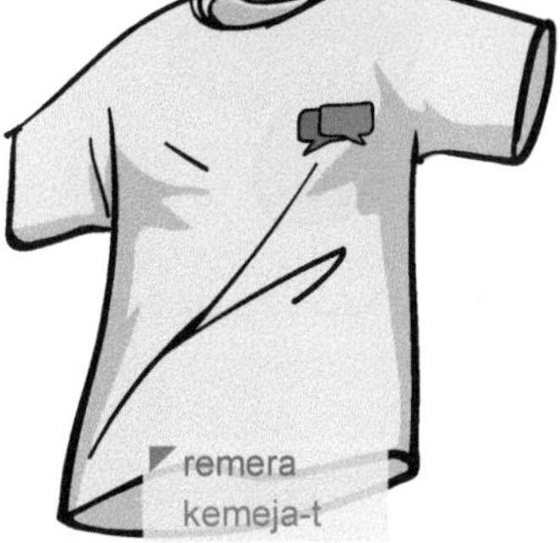

g/keselamatan

remera
kemeja-t

zapatillas
kasut sukan

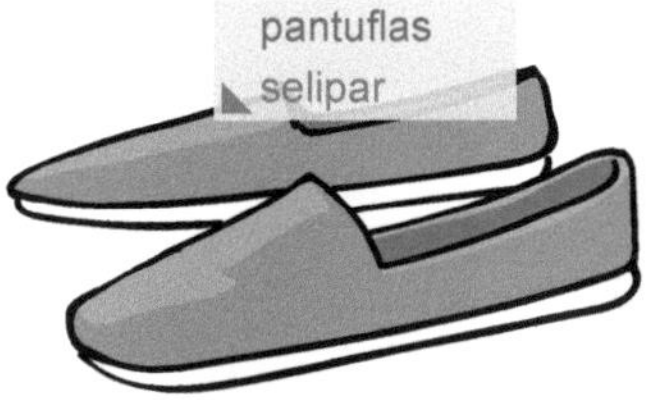

botas
but

pantuflas
selipar

sandalias
·················
sandal

zapatos
·················
kasut

botas de goma
·················
but getah

ropa interior
·················
seluar dalam

corpiño
·················
coli

chaleco
·················
ves

ropa - pakaian

45

body

badan

pantalones

Seluar panjang

jeans

jean

pollera

skirt

blusa

blaus

camisa

kemeja

pulóver

baju panas sarung

buzo

sweater

blazer

blazer

campera

jaket

tapado

kot

piloto

baju hujan

traje

kostum

vestido

pakaian

vestido de novia

baju pengantin

traje

sut

camisón

baju tidur

pijama

baju tidur

sari

sari

pañuelo para cabeza

skarf kepala

turbante

serban

burka

burqa

caftán

kaftan

abaya

abaya/jubah

traje de baño

baju renang

short de baño

seluar renang

shorts

seluar pendek

jogging

sut balapan

delantal

apron

guantes

sarung tangan

botón

butang

anteojos

cermin mata

pulsera

gelang tangan

collar

rantai leher

anillo

cincin

aro

subang

gorra

topi

percha

penyangkut kot

sombrero

topi

corbata

tali leher

cierre

zip

casco

topi keledar

tiradores

pendakap

uniforme escolar

uniform sekolah

uniforme

seragam

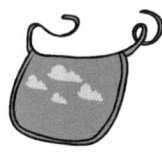

babero

lapik dada

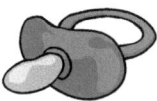

chupete

palsu

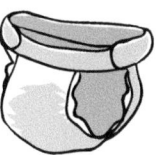

pañal

lampin

oficina

pejabat

servidor
pelayan
archivero
kabinet fail
impresora
mesin pencetak
papel
kertas
monitor
monitor
mouse
tetikus
escritorio
meja
carpeta
folder
teclado
papan kekunci
tacho (de basura)
bakul sampah
computadora
komputer
silla
kerusi

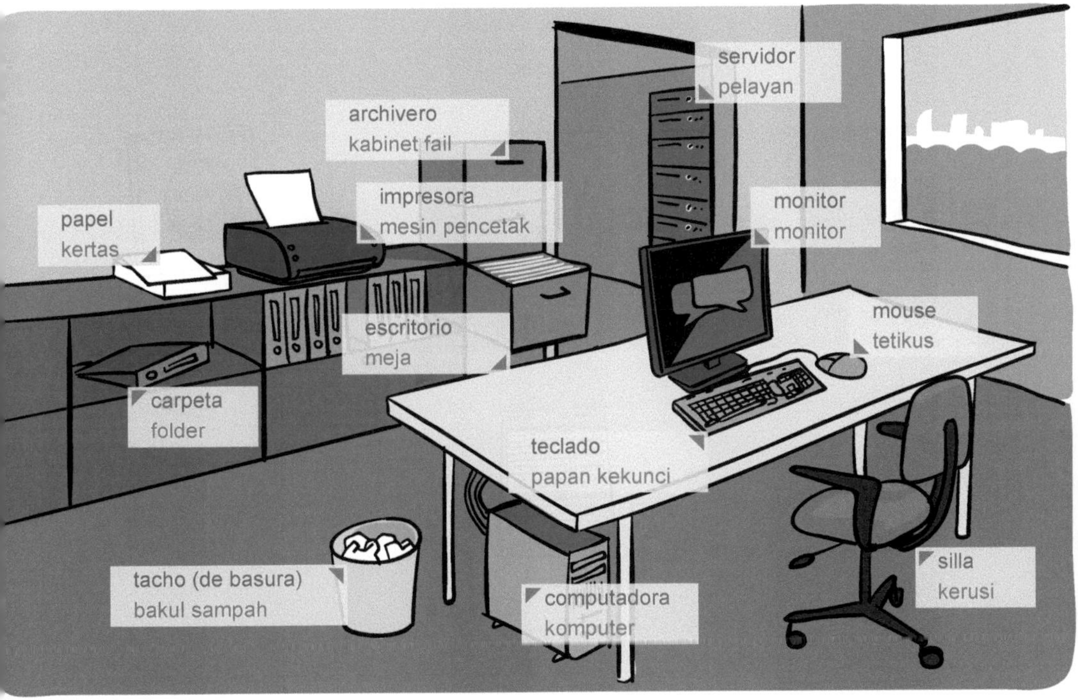

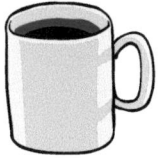

taza de café

cawan kopi

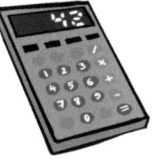

calculadora

kalkulator

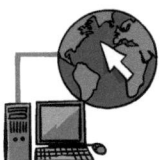

internet

internet

laptop

komputer riba

carta

surat

mensaje

mesej

celular

mudah alih

red

rangkaian

fotocopiadora

mesin fotokopi

software

perisian

teléfono

telefon

tomacorriente

soket plag

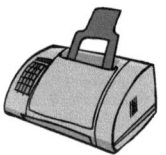

fax

mesin faks

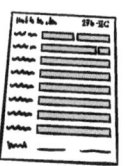

formulario

bentuk

documento

dokumen

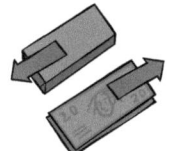

comprar

beli

pagar

bayar

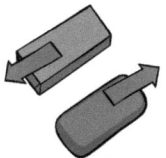

hacer negocios

berdagang

dinero

wang

 USD

dólar

dolar

 EUR

euro

euro

 JPY

yen

yen

 RUB

rublo

rubel

 CHF

franco suizo

franc swiss

 CNY

yuan

renminbi yuan

 INR

rupia

rupee

cajero automático

mata tunai

casa de cambio

pejabat tukaran mata wang

oro

emas

plata

perak

petróleo

minyak

energía

tenaga

precio

harga

contrato

kontrak

impuesto

cukai

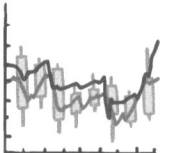

acción

stok

trabajar

kerja

empleado

pekerja

empleador

majikan

fábrica

kilang

negocio

kedai

policía
pegawai polis

bombero
ahli bomba

cocinero
tukang masak

médico
doktor

piloto
juruterbang

jardinero

tukang kebun

carpintero

tukang kayu

modista

tukang jahit

juez

hakim

farmacéutico

ahli kimia

actor

pelakon

colectivero

pemandu bas

taxista

pemandu teksi

pescador

nelayan

mucama

wanita pencuci

techista

kasau

mozo

pelayan

cazador

pemburu

pintor

pelukis

panadero

bakeri

electricista

juruelektrik

albañil

pembangun

ingeniero

jurutera

carnicero

penjual daging

plomero

tukang paip

cartero

posmen

soldado

askar

arquitecto

arkitek

cajero

juruwang

florista

kedai bunga

peluquero

pendandan rambut

cobrador

konduktor

mecánico

mekanik

capitán

kapten

dentista

doktor gigi

científico

ahli sains

rabino

tuhanku

imán

imam

monje

sami

sacerdote

paderi

herramientas

alat

martillo
tukul
tenaza
playar
destornillador
pemutar skru
llave
sepana
linterna
obor

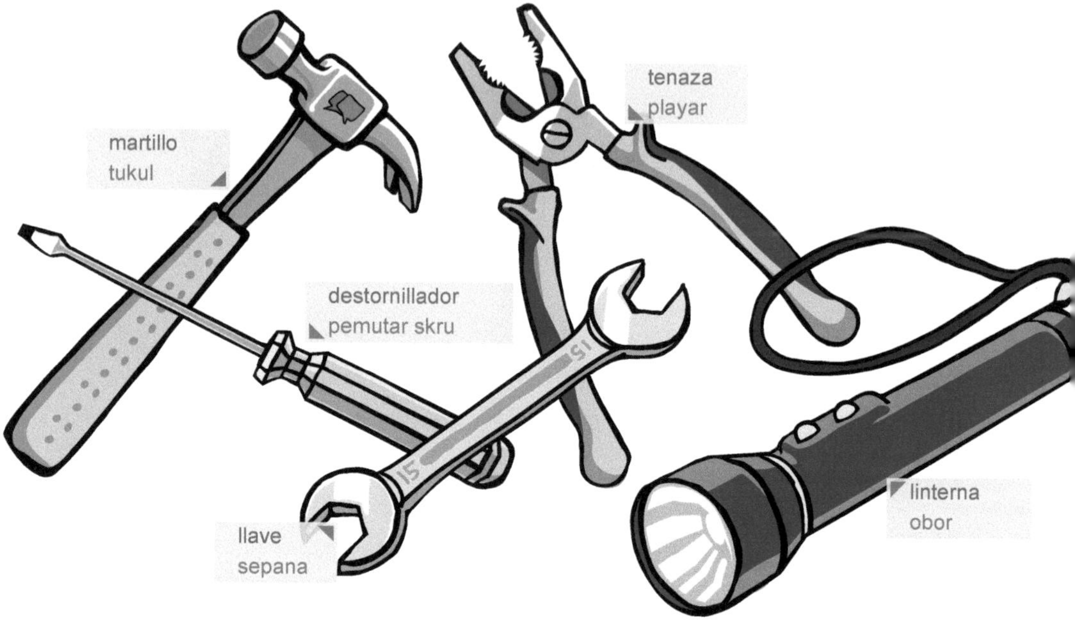

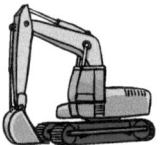

excavadora

pengorek

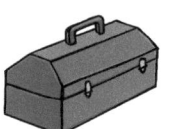

caja de herramientas

kotak peralatan

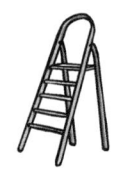

escalera portátil

tangga

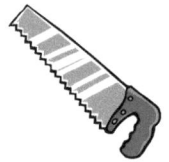

sierra

gergaji

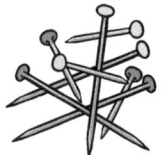

clavos

kuku

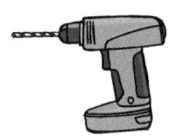

taladro

gerudi

arreglar

baiki

pala de jardín

penyodok

¡Qué bronca!

Celaka!

pala de plástico

penadah sampah

tacho de pintura

periuk cat

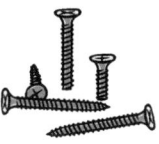

tornillos

skru

instrumentos musicales
alat muzik

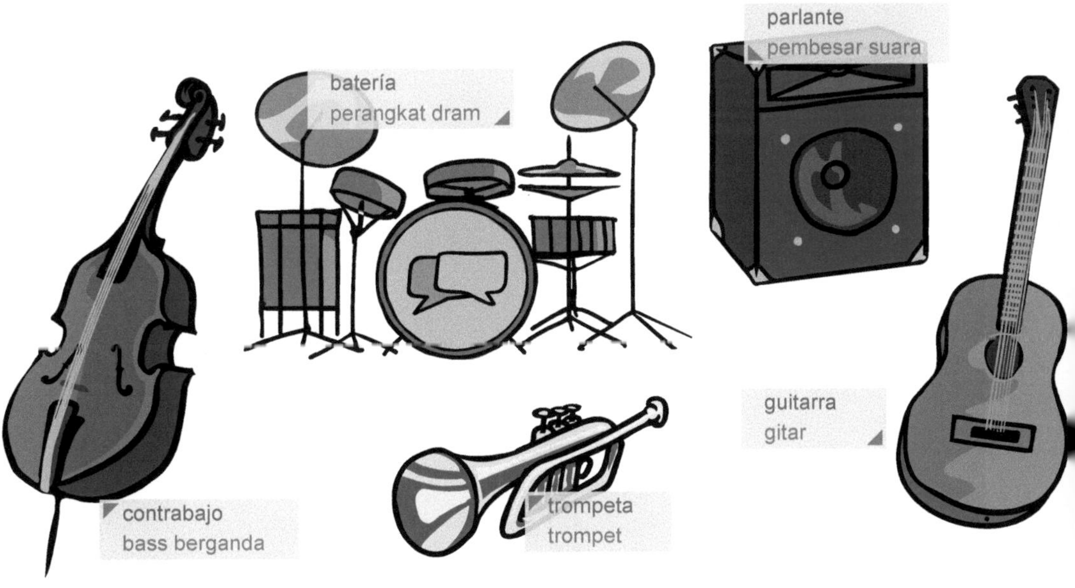

batería
perangkat dram

parlante
pembesar suara

guitarra
gitar

contrabajo
bass berganda

trompeta
trompet

piano

piano

violín

biola

bajo

bass

timbales

timpani

tambor

dram

teclado

papan kekunci

saxofón

saksofon

flauta

seruling

micrófono

mikrofon

zoológico

zoo

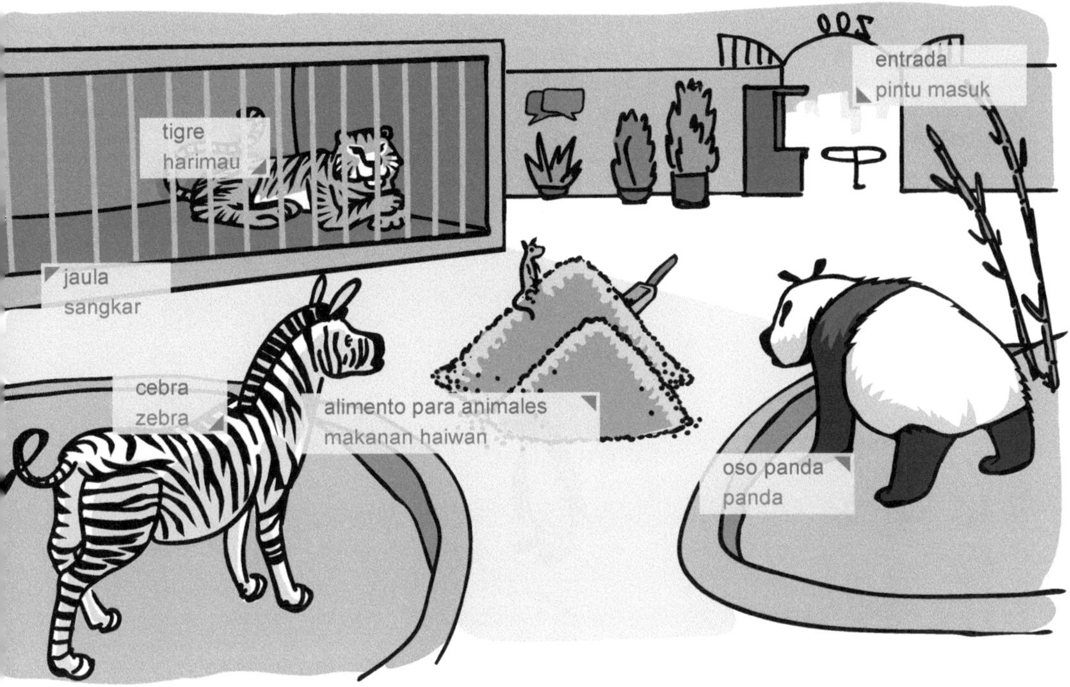
tigre
harimau
entrada
pintu masuk
jaula
sangkar
cebra
zebra
alimento para animales
makanan haiwan
oso panda
panda

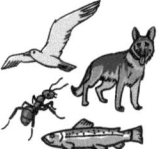

animales

haiwan

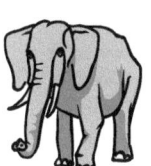

elefante

gajah

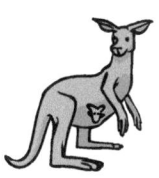

canguro

kanggaru

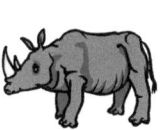

rinoceronte

badak sumbu

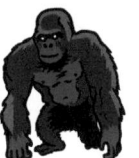

gorila

gorila

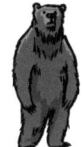

oso

beruang

camello

unta

avestruz

burung unta

león

singa

mono

monyet

flamenco

flamingo

loro

nuri

oso polar

beruang kutub

pingüino

penguin

tiburón

yu

pavo real

merak

serpiente

ular

cocodrilo

buaya

cuidador del zoológico

penjaga zoo

foca

anjing laut

jaguar

jaguar

poni

kuda

leopardo

harimau

hipopótamo

badak air

jirafa

zirafah

águila

helang

jabalí

babi jantan

pescado

ikan

tortuga

penyu

morsa

anjing laut

zorro

musang

gacela

rusa

fútbol americano
bola sepak Amerika

ciclismo
berbasikal

tenis
tenis

básquet
bola keranjang

natación
renang

boxeo
tinju

hockey sobre hielo
hoki ais

fútbol

bola sepak

bádminton

badminton

atletismo

olahraga

handball

bola baling

esquí

ski

polo

polo

actividades
aktiviti

reír
ketawa
saltar
lompat
abrazar
peluk
caminar
berjalan
cantar
menyanyi
soñar
mimpi
rezar
berdoa
besar
cium

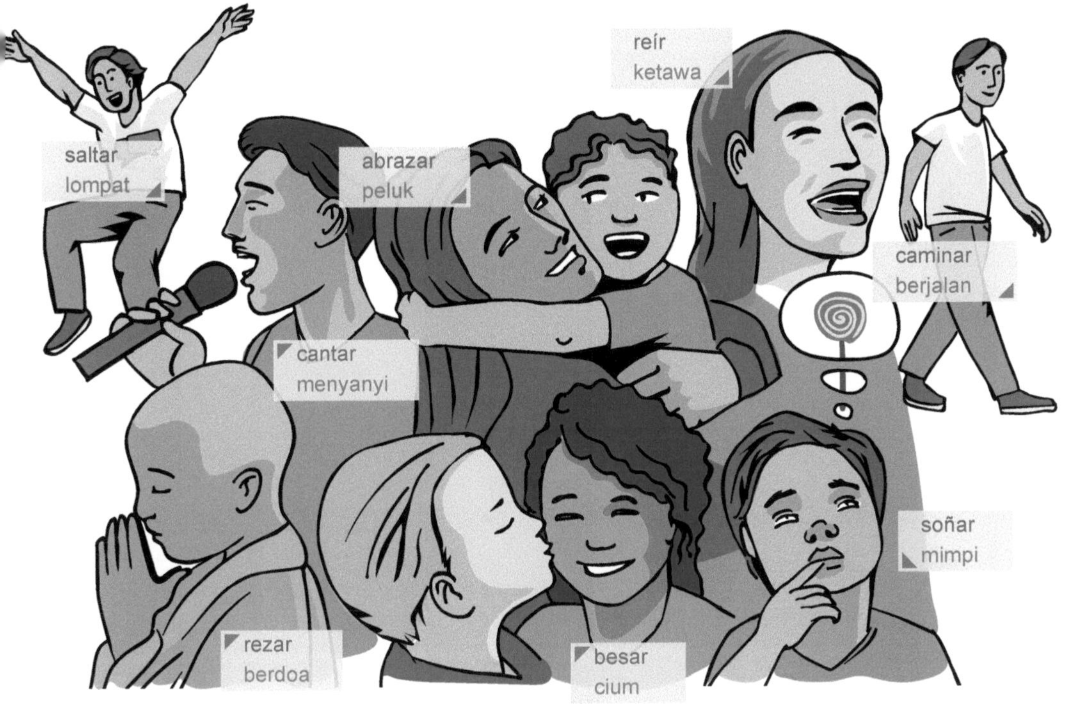

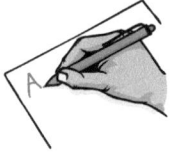

escribir

tulis

dibujar

lukis

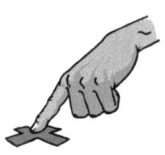

mostrar

tunjuk

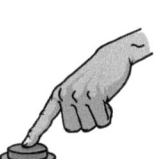

presionar

tolak

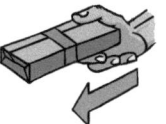

dar

beri

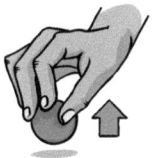

tomar

ambil

tener
ada

hacer
buat

ser
ialah

estar parado
berdiri

correr
lari

tirar
tarik

tirar
buang

caer
jatuh

estar acostado
tipu

esperar
tunggu

llevar
bawa

estar sentado
duduk

vestirse
pakai

dormir
tidur

despertar
bangkit

mirar

lihat pada

llorar

menangis

acariciar

strok

peinar

sikat

hablar

cakap

entender

faham

preguntar

tanya

escuchar

dengar

beber

minum

comer

makan

ordenar

mengemas

amar

sayang

cocinar

masak

manejar

pandu

volar

terbang

navegar

belayar

calcular

kira

leer

baca

aprender

belajar

trabajar

kerja

casarse

nikah

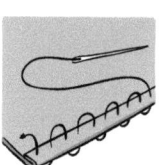

coser

jahit

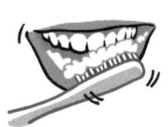

cepillarse los dientes

memberus gigi

matar

bunuh

fumar

asap

enviar

hantar

abuela
nenek

abuelo
datuk

padre
bapa

madre
ibu

bebé
bayi

hija
anak perempuan

hijo
anak lelaki

invitado
tetamu

tía
mak cik

tío
pak cik

hermano
abang

hermana
kakak

cuerpo
badan

frente
dahi
ojo
mata
hombro
bahu
dedo
jari
cara
muka
pera
dagu
mano
tangan
pierna
kaki
pecho
dada
brazo
lengan

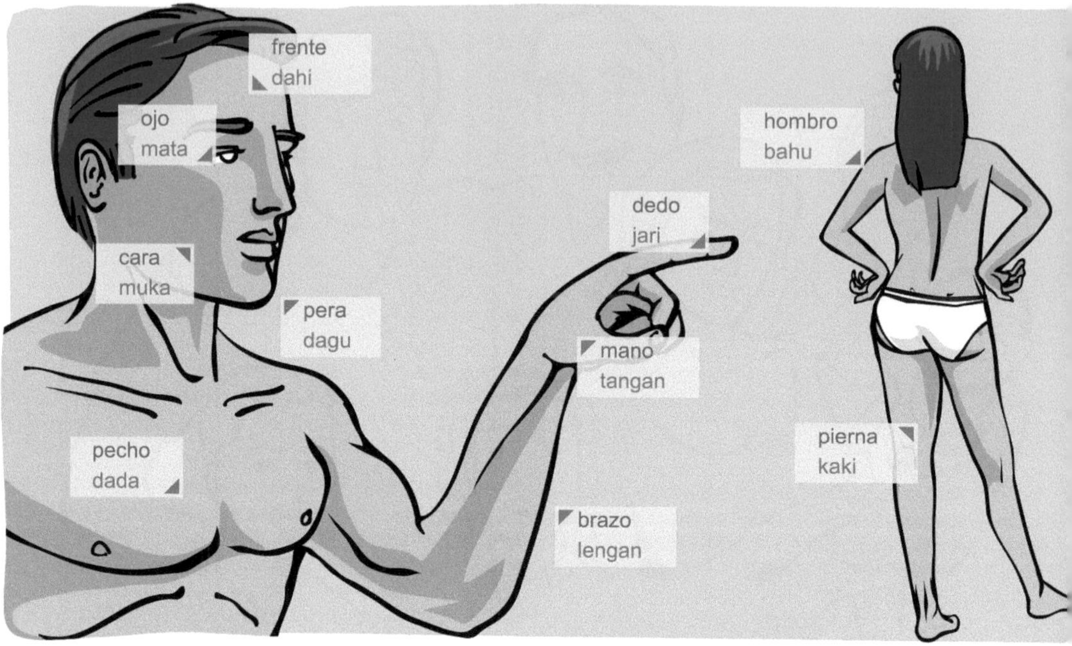

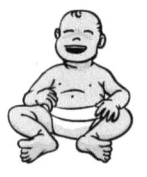

bebé

bayi

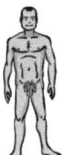

hombre

lelaki

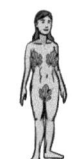

mujer

wanita

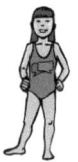

nena

perempuan

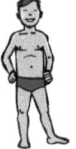

nene

lelaki

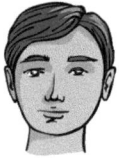

cabeza

kepala

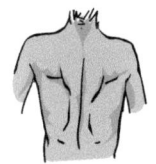

espalda

belakang

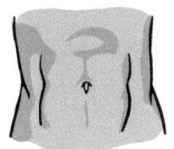

panza

bawah perut

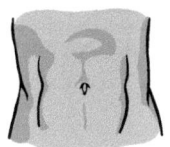

ombligo

pusat

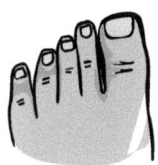

dedo del pie

jari kaki

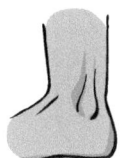

talón

tumit

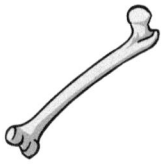

hueso

tulang

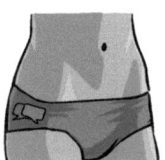

cadera

pinggul

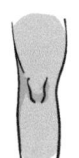

rodilla

lutut

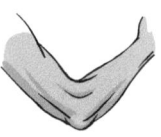

codo

siku

nariz

hidung

cola

bawah

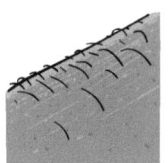

piel

kulit

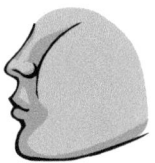

cachete

pipi

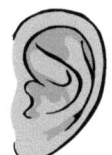

oreja

telinga

labio

bibir

boca

mulut

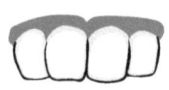

diente

gigi

lengua

lidah

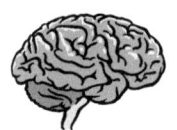

cerebro

otak

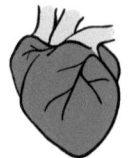

corazón

hati

músculo

otot

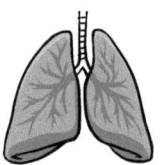

pulmón

paru-paru

hígado

hati

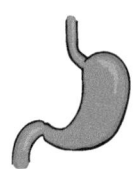

estómago

perut

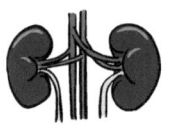

riñones

buah pinggang

sexo

seks

preservativo

kondom

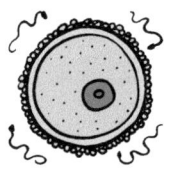

óvulo

faraj

semen

mani

embarazo

mengandung

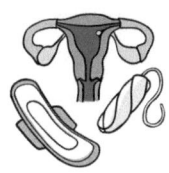

menstruación

haid

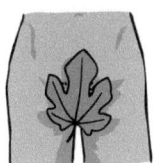

vagina

faraj

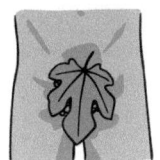

pene

penis

ceja

kening

pelo

rambut

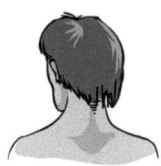

cuello

leher

hospital
hospital

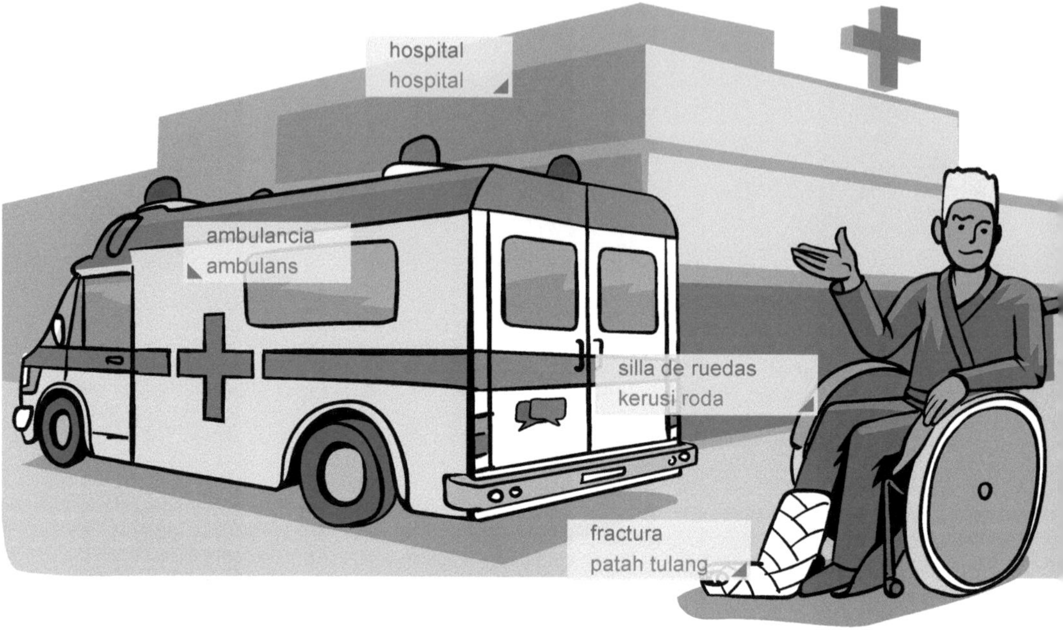

hospital
hospital
ambulancia
ambulans
silla de ruedas
kerusi roda
fractura
patah tulang

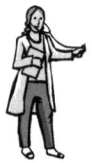

médico

doktor

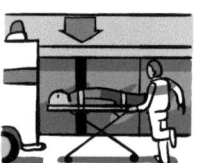

sala de guardia

bilik kecemasan

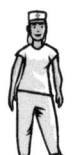

enfermera

jururawat

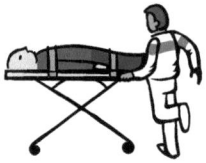

emergencia

kecemasan

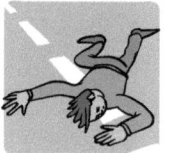

inconsciente

tak sedar

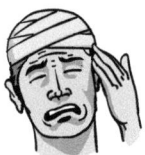

dolor

sakit

lesión

kecederaan

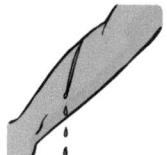

hemorragia

pendarahan

infarto

serangan jantung

ACV

strok

alergia

alergi

tos

batuk

fiebre

demam

gripe

selesema

diarrea

cirit-birit

dolor de cabeza

sakit kepala

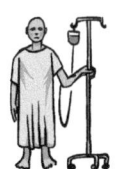

cáncer

kanser

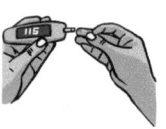

diabetes

diabetes

cirujano

pakar bedah

bisturí

pisau bedah

operación

pembedahan

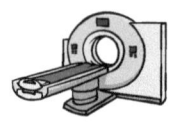

TC
CT

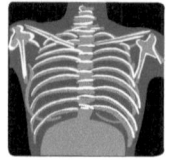

rayos x
x-ray

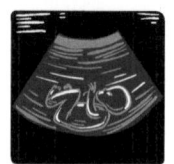

ecografía
ultrabunyi

barbijo
topeng muka

enfermedad
penyakit

sala de espera
bilik menunggu

muleta
penongkat

curita
plaster

venda
pembalut

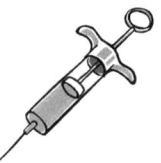

inyección
suntikan

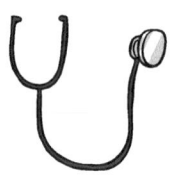

estetoscopio
stetoskop

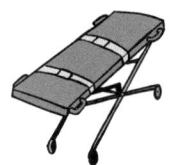

camilla
pengusung

termómetro
termometer klinik

nacimiento
kelahiran

sobrepeso
berat badan berlebihan

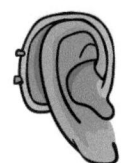

audífono

alat pendengaran

desinfectante

disinfektan

infección

jangkitan

virus

virus

VIH / SIDA

HIV / AIDS

remedio

perubatan

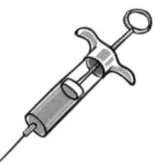

vacunación

vaksinasi

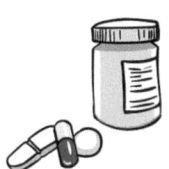

comprimidos

tablet

pastilla anticonceptiva

pil

llamada de emergencia

panggilan kecemasan

tensiómetro

pantau tekanan darah

enfermo / sano

sakit / sihat

¡Ayuda!

Tolong!

alarma

penggera

agresión

serang

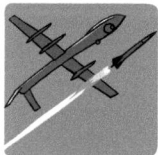

ataque

serangan

peligro

bahaya

salida de emergencia

pintu kecemasan

¡Fuego!

Api!

matafuego

alat pemadam api

accidente

kemalangan

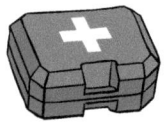

botiquín de primeros
auxilios

alat pertolongan cemas

SOS

SOS

policía

polis

Europa

Eropah

América del Norte

Amerika Utara

América del Sur

Amerika Selatan

África

Afrika

Asia

Asia

Australia

Australia

Atlántico

Atlantic

Pacífico

Pasifik

Océano Índico

Lautan Hindi

Océano Antártico

Lautan Antartik

Océano Ártico

Lautan Artik

polo norte

Kutub utara

polo sur

Kutub Selatan

Antártida

Antartika

Tierra

bumi

tierra

tanah

mar

laut

isla

pulau

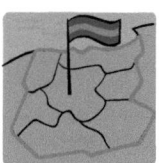

nación

negara

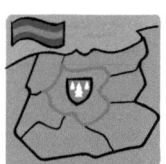

estado

negeri

esfera

muka jam

manecilla de las horas

tangan jam

minutero

tangan minit

segundero

terpakai

¿Qué hora es?

Jam berapa sekarang

día

hari

hora

masa

ahora

sekarang

reloj digital

jam digital

minuto

minit

hora

jam

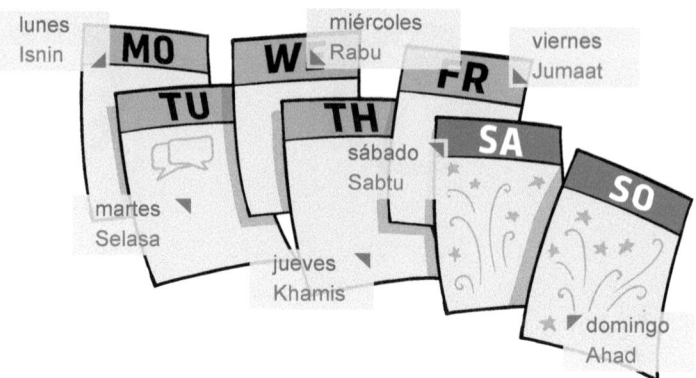

lunes
Isnin

miércoles
Rabu

viernes
Jumaat

sábado
Sabtu

martes
Selasa

jueves
Khamis

domingo
Ahad

ayer

semalam

hoy

hari ini

mañana

esok

mañana

pagi

mediodía

tengah hari

tarde

petang

días hábiles

hari kerja

fin de semana

hari minggu

año

tahun

lluvia
hujan
arco iris
pelangi
viento
angin
nieve
salji
primavera
musim bunga
otoño
musim luruh
verano
musim panas
invierno
musim salji

4.APRIL 11°
5.APRIL 4°
6.APRIL 13°
7.APRIL 8°
8.APRIL 10°

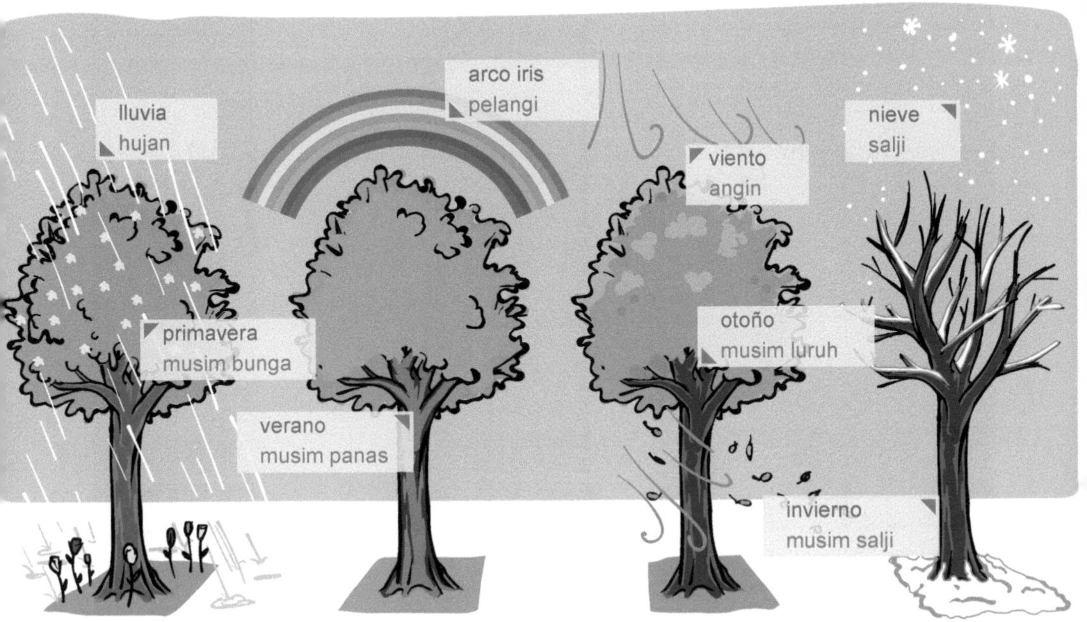

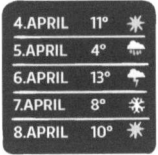

pronóstico meteorológico

ramalan cuaca

F
C
120
90
60
30
0
-30
40
30
20
10
0
-10
-20

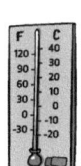

termómetro

termometer

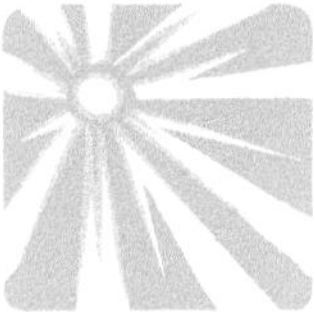

luz del sol

sinar matahari

nube

awan

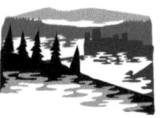

niebla

kabus

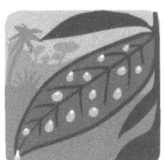

humedad

lembapan

rayo

kilat

trueno

petir

tormenta

ribut

granizo

hujan batu

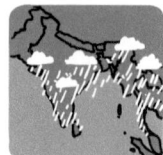

monzón

monsun

inundación

banjir

hielo

ais

enero

Januari

febrero

Februari

marzo

Mac

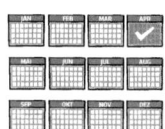

abril

April

mayo

Mei

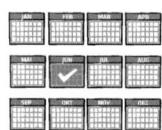

junio

Jun

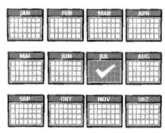

julio

Julai

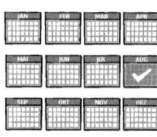

agosto

Ogos

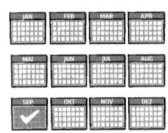

septiembre

September

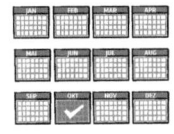

octubre

Oktober

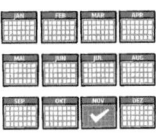

noviembre

November

diciembre

Disember

formas
bentuk

círculo

bulatan

cuadrado

petak

rectángulo

segi empat tepat

triángulo

segitiga

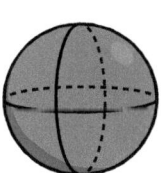

esfera

sfera

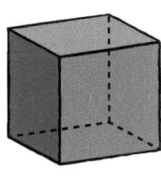

cubo

kiub

colores

warna

blanco

putih

amarillo

kuning

naranja

oren

rosa

merah jambu

rojo

merah

violeta

ungu

azul

biru

verde

hijau

marrón

coklat

gris

kelabu

negro

hitam

mucho / poco

banyak / sedikit

enojado / tranquilo

marah / tenang

lindo / feo

cantik / hodoh

principio / fin

bermula / tamat

grande / chico

besar kecil

claro / oscuro

terang / gelap

hermano / hermana

abang / kakak

limpio / sucio

bersih / kotor

completo / incompleto

lengkap / tidak lengkap

día / noche

hari / malam

muerto / vivo

mati / hidup

ancho / angosto

luas / sempit

comestible / no comestible

boleh dimakan / tidak boleh dimakan

malo / amable

jahat / baik

entusiasmado / aburrido

teruja / bosan

gordo / flaco

gemuk / kurus

primero / último

pertama / terakhir

amigo / enemigo

kawan / musuh

lleno / vacío

penuh / kosong

duro / blando

keras / lembut

pesado / liviano

berat / ringan

hambre / sed

lapar / dahaga

enfermo / sano

sakit / sihat

ilegal / legal

menyalahi undang-undang / undang-undang

inteligente / estúpido

pintar / bodoh

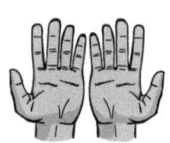

izquierda / derecha

kiri / kanan

cerca / lejos

dekat / jauh

nuevo / usado

baru / lama

nada / algo

tiada / sesuatu

viejo / joven

tua / muda

encendido / apagado

hidup / mati

abierto / cerrado

terbuka / tertutup

silencioso / ruidoso

diam / bising

rico / pobre

kaya / miskin

correcto / incorrecto

betul / salah

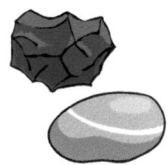

áspero / suave

kasar / halus

triste / contento

sedih / gembira

corto / largo

pendek / panjang

lento / rápido

lambat / laju

mojado / seco

basah / kering

caliente / frío

panas / sejuk

guerra / paz

berperang / berdamai

números
nombor

0	**1**	**2**
cero	uno	dos
sifar	satu	dua
3	**4**	**5**
tres	cuatro	cinco
tiga	empat	lima
6	**7**	**8**
seis	siete	ocho
enam	tujuh	lapan
9	**10**	**11**
nueve	diez	once
sembilan	sepuluh	sebelas

12

doce

dua belas

13

trece

tiga belas

14

catorce

empat belas

15

quince

lima belas

16

dieciséis

enam belas

17

diecisiete

tujuh belas

18

dieciocho

lapan belas

19

diecinueve

Sembilan belas

20

veinte

dua puluh

100

cien

ratus

1.000

mil

ribu

1.000.000

millón

juta

bahasa-bahasa

inglés

Bahasa Inggeris

inglés americano

Bahasa Inggeris Amerika

chino mandarín

Bahasa Cina Mandarin

hindi

Bahasa Hindi

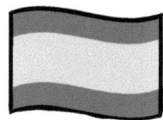

español

Bahasa Sepanyol

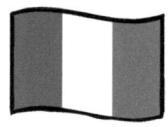

francés

Bahasa Perancis

árabe

Bahasa Arab

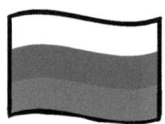

ruso

Bahasa Rusia

portugués

Bahasa Portugis

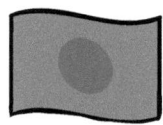

bengalí

Bahasa Benggali

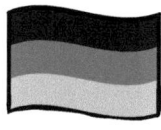

alemán

Bahasa Jerman

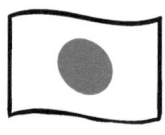

japonés

Bahasa Jepun

yo

saya

vos

anda

él / ella

dia / dia / ia

nosotros

kita

ustedes

anda

ellos

mereka

¿quién?

siapa?

¿qué?

apa?

¿cómo?

bagaimana?

¿dónde?

di mana?

¿cuándo?

bila?

nombre

nama

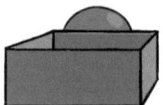

detrás

belakang

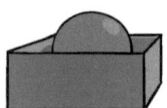

en

dalam

adelante de

di hadapan

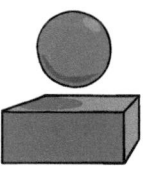

por encima de

lebih

sobre

pada

debajo de

di bawah

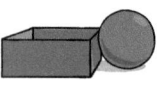

al lado de

bersebelahan

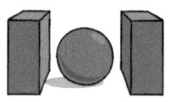

entre

antara

lugar

tempat